MOMENTE DER LEBENSFREUDE MIT

HILDEGARD von BINGEN

Der Autor

Rafael Collowino arbeitet seit mehreren Jahren als freier Autor für Sachbücher und journalistische Texte. In den Achtzigern aufgewachsen im Norden Deutschlands, ist bis auf ein paar Fasern Temperament und Gemächlichkeit nicht viel von seinen italienischen Wurzeln übrig geblieben. Zu weit der Weg, zu ungemütlich das Wetter. Mittlerweile hat er sich wieder tiefer nach Süden vorgearbeitet und lebt mit seiner Familie in ländlicher Abgeschiedenheit, wo er weiterhin versucht, nicht allzu pünktlich zu sein und ein klein wenig Poesie in die Prosa zu bringen.

Wichtiger Hinweis:

Alle Angaben in diesem Werk wurden sorgfältig erarbeitet und geprüft. Dennoch erfolgen alle Angaben ohne Gewähr. Die in diesem Buch enthaltenen Informationen sind weder völlig umfassend noch verbindlich. Verlag und Autor haften nicht für eventuelle Nachteile oder Schäden, die aus den im Buch gemachten praktischen Hinweisen und dem Genuss genannter Nahrungsmittel resultieren. Die in diesem Werk enthaltenen Ratschläge ersetzen nicht die Untersuchung und Betreuung durch den Arzt.

MOMENTE DER LEBENSFREUDE MIT

HILDEGARD von BINGEN

7 MINUTEN ACHTSAMKEIT

Die Seele, der Leib und die Sinne …

… sind in der Lehre Hildegards von Bingen (1098–1179) die tragenden Säulen des Menschen, gleichsam sein Fundament und sein Firmament. Das Leben, Denken und Fühlen im Einklang mit der uns umgebenden Natur und dem Kosmos bildet den Mittelpunkt der bedeutendsten Universalgelehrten ihrer und kommender Zeiten. Als Kirchenlehrerin, Philosophin, Heilmächtige, Musikkundige, Schriftstellerin sowie unermüdliche Sammlerin von Brauchtum und altem Wissen inspiriert Hildegard Menschen seit Jahrhunderten.

Mit acht Jahren wurde die Grafentochter in die Obhut des Benediktinerklosters Disibodenberg gegeben. Aufgewachsen und ausgebildet in der Mädchen- und Frauenklause wurde sie mit 16 aus freien Stücken Nonne. Mit 38 Jahren stieg sie schließlich zur Äbtissin auf und beerbte damit als Nachfolgerin ihre verehrte Lehrmeisterin Jutta von Sponheim. Später legte sie zudem den Grundstein des nicht weit entfernten Klosters Rupertsberg.

Rege Korrespondenz in körperlichen, seelischen und moralischen Fragen unterhielt Hildegard mit geistlichen und weltlichen Würdenträgern, darunter Papst Eugen III., und vermutlich sogar Kaiser Barbarossa. Ihre als Frau ungewöhnlichen öffentlichen Auftritte, ihre Fürsorge für Arme und Kranke machten sie darüber hinaus beliebt beim einfachen Volk.

Gleichzeitig jedoch eckte sie an, als Frau und Äbtissin, bot den Mächtigen die Stirn, aber auch gern gesehenen Rat. Sie scheute sich nicht, laut und unnachgiebig an dem festzuhalten, was sie für richtig und geboten hielt. Hildegard war und ist eine einzigartige Persönlichkeit und ein unerschöpflicher Quell des Wissens und von Erkenntnissen, die vielfach noch heute Gültigkeit haben.

Die Summe von Körper und Geist ...

... ist der mittelalterlichen Zahlensymbolik zufolge die Zahl Sieben, denn während die Drei die durch den dreifaltigen Gott geschaffene Seele repräsentiert, steht die Zahl Vier für die Elemente, das Materielle, und damit den Körper an sich. Eine Symbolik, die Hildegard gewiss kannte und für wahrhaft erachtete.

Es gehört zu den erstaunlichsten Phänomenen der Menschheitsgeschichte, dass wir der Sieben in den meisten Kulturen und Religionen begegnen. Und zumeist in positiver Konnotation. So reicht ihre Bedeutung als magische Zahl in Mythos und Märchen von der Erschaffung der Welt in sieben Tagen über die sieben Weltwunder der Antike bis zu den sieben Raben und vielen anderen Siebenheiten der Glaubensgeschichte und der Erzähltraditionen.

Es scheint, als wohne der Zahl ein besonderer Zauber inne, der uns seit Menschengedenken begleitet. Liegt dieser in den sieben sichtbaren Wandelsternen begründet, die bereits in babylonischer Zeit eine Sonderstellung einnahmen? Oder etwa in den volkstümlich angenommenen sieben Sinnen Sicht, Gehör, Geruch, Geschmack, Tastsinn, Bewegung und Gleichgewicht? Vielleicht liefert auch die moderne Wahrnehmungspsychologie Antworten, wenn sie beobachtet, dass wir uns bis zu sieben Gegenstände oder Ziffern

recht leicht merken können, während acht oft schon zu viel sind? Ganz gleich, ob der Kosmos oder unser Gehirn uns beeinflussen, die Bedeutung der Sieben hat die Kraft, uns Halt zu geben auf unwegsamen Reisen und in unruhigen Zeiten. Wir können an der Sieben festhalten, während wir zwischen heute und morgen balancieren, zwischen Aufbruch und Ziel, zwischen unserem alten und unserem neuen Ich.

Die Reise ins Innere ...

... braucht Ansporn, Führung und Zuversicht. Lassen Sie sich von der Heiligen Hildegard und der Zahl Sieben leiten, die unter den Heilkundigen sowie unter den Zahlen eine einzigartige Stellung einnehmen. Sie sind sichtbare Zeichen, Leuchttürme in Zeit und Raum, an denen wir uns orientieren können. Denn wir kommen immer wieder auf sie zurück.

Gewiss kann weder die eine, noch die andere Wunder wirken. Und bei ernsten Leiden ersetzen sie auch nicht einen Arztbesuch. Aber dennoch lohnt der Blick hinter die eigenen Kulissen, hinter den Blättervorhang der Natur, in die fast vergessenen Weisheiten der Vergangenheit. Spüren Sie Hildegards ganzheitlichem Weltbild nach. Nehmen Sie sich jeden Tag wenigstens siebzig Herzschläge, einhundert Atemzüge oder einfach sieben Minuten, um dem Wirken, den zeitlosen Lehren, Heilmitteln und Lebensweisheiten nachzuspüren.

Lassen Sie dieses Buch Ihnen ein Kompass und Wegbegleiter sein, bis Sie schließlich zu sich selbst gelangen. Dort, wo Sie bleiben wollen, sich zu Hause fühlen und Wurzeln schlagen, um zu neuer Stärke heranzuwachsen und eins mit sich selbst zu werden.

7

SCHULEN DES LEBENS

Neben der Religionslehre galt Hildegard von Bingen als bewandert und außerordentlich interessiert an Themen wie Medizin, Musik, Astrologie, Ethik und vielem mehr. Dabei war sie keinesfalls perfekt, denn so ließen beispielsweise ihre Grammatikkenntnisse im Lateinischen zu wünschen übrig, weshalb sie Schreiber unterhielt. Aber in einem erfüllten Leben geht es nicht um Perfektion, sondern um einen offenen Geist und offene Augen. Es geht nicht um Wissen, sondern um Denken, nicht um Erkennen, sondern um das Schauen.

Bewahren Sie sich ein kindliches Interesse an der Welt um Sie herum. Nehmen Sie sich jeden Tag sieben Minuten Zeit, um einer Frage auf den Grund zu gehen, die Sie sich selbst oder die andere Ihnen stellen, und auf die Sie aus dem Stehgreif keine befriedigende Antwort parat haben. Warum ist der Himmel blau? Müsste die Nacht bei all den Billionen Sternen nicht taghell sein? Wie entsteht ein Regenbogen? Fragen Sie einen Freund, das Internet oder blättern Sie im Lexikon. Neugier schult das Gedächtnis, baut Vorurteile ab, eröffnet neue Perspektiven und ist einfach ungemein spannend.

MIT ALLEN WASSERN

In Hildegards Ernährungslehre begegnet uns Wasser in verschiedenen Formen und Qualitäten: fließend und stehend, Quellwasser, Regenwasser, Schmelzwasser und einige mehr. Nun ist es heutzutage keine gute Idee mehr, aus Flüssen oder Regentonnen zu trinken. Außerdem wird Wasser nur noch selten als eigenständiges Lebensmittel wahrgenommen. Im günstigsten Fall ersetzen es in unserem Alltag natürliche Säfte und Tees, im ungünstigsten zuckerreiche Getränke mit künstlichen Zusätzen.

Kommen Sie wieder auf den Geschmack, indem Sie versuchen, ein Glas Wasser mit allen Sinnen wahrzunehmen. Betrachten und belauschen Sie das Spiel der Wasserbläschen, spüren Sie die frische Kühle und nehmen Sie den feinen Duft war, der da ist, obwohl Sie ihn vielleicht noch nie bemerkt haben. Schwenken Sie jeden Schluck im Mund und folgen Sie in Gedanken dem Weg des Wassers durch Ihren Körper. Probieren Sie verschiedene stille Wasser oder solche mit natürlichem Kohlensäuregehalt. Kehren Sie zum Ursprung des Lebens selbst zurück und entdecken Sie das Wasser als Lebensgrundlage neu.

DIE KRAFT DER ÖLE

Mehr noch als Bilder, Berührungen und Geräusche sind Gerüche in der Lage, schlagartig eine ganze Welt vor unserem inneren Auge zu entfalten. Mit bestimmten Düften verbundene Erfahrungen prägen sich tiefer ins Gedächtnis ein und selbst früheste Kindheitserinnerungen treten wieder zutage, wenn wir einem bestimmten Geruch begegnen.

Doch Düfte können nicht nur unseren Geist anregen, sondern auch unseren Körper, ihn entspannen und heilen. Darin besteht die besondere Wirkung von ätherischen Ölen, den flüchtigen Inhaltsstoffen vieler Pflanzen, die in unterschiedlichen Konzentrationen und Zusammensetzungen in fast jeder Art enthalten sind.

Schon einige Minuten am Tag genügen, um sich selbst etwas Gutes zu tun: Genießen Sie ein paar Tropfen belebendes und befreiendes Minzöl im Badewasser, Kamille zur Inhalation, Lavendel in der Duftlampe oder Johanneskraut im Tee. Schließen Sie die Augen, entspannen Sie mit tiefen Atemzügen und lassen Sie sich von der anregenden Kraft des Öls umgarnen und zu sich selbst entführen.

DER EIGENE WEG

Rückblickend betrachtet, erscheint der Weg Hildegards von der Nonne zur Äbtissin und schließlich zur heiliggesprochenen Ikone der mittelalterlichen Heilkunst, die bis heute verehrt und geschätzt wird, geradlinig und ungebrochen. Doch neben persönlichen Zweifeln, Rückschlägen und Irrungen musste sie zudem immer wieder Hindernisse überwinden, die ihr von fremder Hand in den Weg gelegt wurden, sei es aus kirchenpolitischen Gründen oder schlicht weil sie eine Frau war.

Jeder von uns muss sich täglich Widerständen erwehren, die in uns oder außer uns liegen. Nicht immer zeichnet sich das Ziel der Reise unseres Lebens klar am Horizont ab oder führt eine gepflasterte Straße dorthin. Doch ganz gleich, ob Sie einfach weitergehen, innehalten, abkommen oder umdrehen, diese Entscheidung sollte von Ihnen allein getroffen werden. Denn nur dann kommen Sie am eigentlichen Ziel an: bei Ihnen selbst.

Nehmen Sie sich dazu einmal sieben Minuten und notieren Sie all das, was Sie noch erreichen wollen. Was Ihnen in dieser Zeit nicht einfällt, ist nicht bedeutsam genug. Nun streichen Sie sämtliche materiellen Wünsche und alles, was in diesem Jahr (noch) nicht zu erreichen ist. Halten Sie an dem fest, was übrig bleibt. Dann kommt der Rest von allein. Wiederholen Sie diese Prozedur jedes Jahr – eventuell zu Silvester – und sehen Sie, wie sich das Leben vor Ihnen ausbreitet.

IN DER SEELE
JUNG

Ob aus Leidenschaft oder Notwenigkeit, Hildegard reiste selbst im hohen Alter noch viel und scheute auch große Distanzen nicht. Sie ließ nicht nur ihre Schriften sprechen, sondern richtete eigens das Wort an jene, die ihr zuhörten. Und das waren nicht wenige. Obwohl öffentliche Auftritte von weiblichen Geistlichen zu ihrer Zeit ungewöhnlich waren.

Hildegard trotzte dem Alter und den Konventionen. Lassen auch Sie sich nicht von den Jahren, den Gewohnheiten und den Vorbehalten diktieren, wie Sie zu leben, zu denken und zu fühlen haben. Nehmen Sie sich einmal am Tag oder einmal in der Woche Zeit und probieren Sie eine Sportart aus, an die Sie sich noch nie getraut haben, gehen Sie auf eine Party, für die Sie sich vielleicht bisher „zu alt" gefühlt haben, essen Sie etwas, das Sie noch nie probiert haben oder schauen Sie einen Film, der Sie bisher nicht interessiert hat. Finden Sie schon bald keinen Gefallen daran, wagen Sie sich das nächste Mal an etwas anderes. Wenn doch, setzen Sie dies fort und bleiben Sie jung und flexibel in Geist und Körper.

FEDERKIEL
UND TINTENFASS

Auch wenn nicht jeder überlieferte Brief mit absoluter Gewissheit von ihr verfasst wurde, ist Hildegards reger Briefverkehr unumstritten. Ob mit anderen Würdenträgern oder mit hohem weltlichen Adel – die Adressaten sind ebenso vielfältig wie die Themen, die von hoher Theologie über Kirchenpolitik bis hin zu Ratschlägen zu Spiritualität und Heilung reichen.

Da sie in der Grammatik der damals üblichen Verkehrssprache Latein nicht geschult war, griff sie selten selbst zu Feder, diktierte ihre Briefe und Schriften stattdessen ihrem persönlichen Schreiber. Gewiss bedauerte sie es, ihren Botschaften nicht auch buchstäblich die eigene Handschrift verleihen zu können. Sie können Hildegard in dieser Hinsicht einen Schritt voraus sein: Erwecken Sie den Zauber des Handgeschriebenen, schulen Sie die Hand-Augen-Koordination und das spontane Denken. Spüren Sie die Textur des Papiers, Ihre Fingerfertigkeit und Kreativität.

Sieben Minuten täglich genügen, um Ihrer Handschrift neuen Schwung zu verleihen. Lassen Sie den Kugelschreiber links liegen und greifen Sie zum Füllfederhalter oder gar zu Kiel und Tintenfässchen. Machen Sie aus Briefen, Grußkarten und Einkaufszetteln kleine Meisterwerke aus Geduld und Kunstfertigkeit.

DU HAST
IN DIR
DEN HIMMEL
UND DIE ERDE.

Ganz und gar

Noch vor gesunder Ernährung und allem Maßhalten sieht Hildegard die Ganzheit von Körper und Geist als Voraussetzung für Glück und Gesundheit an. Nur wer gesund denkt, wird und bleibt gesund – das war für sie die entscheidende Wechselwirkung. Wer sich zufrieden zeigt, positive Gedanken und Gefühle pflegt, bescheiden ist und empathisch, aber auch mit allen Sinnen isst und trinkt, lebt richtig und wahrhaft reichlich.

Suchen Sie einen festen Zeitpunkt in Ihrer täglichen Routine – sei es vor dem Aufstehen, vor dem Zubettgehen, in der Mittagspause oder beim Feierabendkaffee. Reservieren Sie sich sieben Minuten (das entspricht etwa einhundert Atemzügen). Schließen Sie die Augen. Gehen Sie zunächst gedanklich zwanzig bis vierzig Atemzüge lang jene Ereignisse, Gegebenheiten und Gefühle durch, die Sie belasten, vom Streit mit den Nachbarn bis zu den immer wiederkehrenden Rückenschmerzen. Nutzen Sie die verbleibenden sechzig bis achtzig Atemzüge nun für all jene Dinge, die Ihnen Freude bereiten: vielleicht ein gemeinsames Essen, ein Kinobesuch oder das Lächeln eines geliebten Menschen. Füllen Sie mit jedem Atemzug den Raum mehr und mehr mit positiven Gedanken, bis diese die negativen aufwiegen und schließlich verdrängen. Öffnen Sie die Augen und schauen Sie in eine schöne Welt.

7

SPHÄRENMUSIK
FÜR KÖRPER UND SEELE

Überstrahlt von ihren Leistungen auf anderen Betätigungsfeldern, ist Hildegards Wirken in der Musik nicht allzu bekannt. Bis heute sind uns beinahe achtzig geistliche Lieder überliefert, deren Texte sie verfasste und deren Melodien sie komponierte. Damit stand sie jedoch weder am Anfang, noch am Ende einer langen Tradition liturgischer Musik. Vermutlich gehören Gesang und Rhythmus zu den frühesten Formen menschlichen Kulturschaffens. Lieder können Geschichten erzählen oder Gefühle transportieren, mit den Ohren gehört oder mit dem Körper gespürt werden, mit dem Verstand begriffen oder mit dem Herzen gefühlt werden. Sie können einen starken meditativen Sog entwickeln oder uns elektrisieren.

Musik umgibt uns tagtäglich: im Radio, im Fernsehen, in der Warteschleife am Telefon oder im Kaufhaus und Restaurant. Doch selten nehmen wir die Musik um uns herum bewusst war. Versuchen Sie stattdessen, einmal am Tag einem Lied die volle Aufmerksamkeit zu widmen. Seien es der Straßenmusiker mit der Gitarre, temporeiche Songs beim Joggen oder eine entspannende Melodie auf dem Sofa. Holen Sie die Musik aus dem Hintergrundrauschen des Alltags in den Vordergrund. Lauschen Sie mit Körper und Seele.

HEILEN IST EIN WEG IN ZWEI RICHTUNGEN

Das Heilen und Gesunderhalten bildet in der allgemeinen Wahrnehmung das Zentrum von Hildegards Schaffen. Doch es sind nicht heilmächtige Kräuter, Tinkturen und Ernährungsregeln, die den Kern ihrer Gesundheitslehre bilden, sondern unser Umgang mit der Welt um uns herum und in uns selbst. Es ist unsere Haltung, unser Seelenleben, das uns und andere gesund oder krank macht.

Ganz gleich, wie dunkel sich die Wolken aus Stress und Frust über Ihnen zu verdichten drohen, versuchen Sie jeden Tag bei mindestens sieben Gelegenheiten guten Mutes zu bleiben, um sich selbst gut zu fühlen. Und zwar, indem Sie anderen ein positives Gefühl geben, das entweder unmittelbar oder eines Tages auf Sie zurückstrahlen wird. Halten Sie jemandem die Tür auf, heben Sie eine heruntergefallene Münze auf, geben Sie einem Hilfsbedürftigen, wagen Sie eine freundschaftliche Berührung, ein nettes Wort oder ein Lächeln. Sie werden nicht die ganze Welt auf einmal heilen, aber mit Ihrer eigenen anfangen.

VERZICHT UND GEWINN

Askese, Fasten und Selbstbescheidung gehören nicht unbedingt zu den Aspekten des Klosterlebens, nach denen wir uns gemeinhin sehnen. Doch so widersprüchlich es auch klingen mag, gerade die selbst auferlegte Armut gehört zu den größten Schätzen des klösterlichen Brauchtums. Denn nur im Verzicht entfalten die Dinge ihren wahren Wert.

Wenn man Hildegards Leben und Werk auf ein Wort verdichten möchte, so wäre es das Maß. Und zwar das rechte Maß. Nicht zu viel, nicht zu wenig, sondern ein Gleichgewicht in allem hält uns auf dem richtigen Weg.

Haben Sie keine Angst: Genau wie Fasten nicht Hungern ist, bedeutet Verzichten nicht (immer) Aufgeben. Machen Sie kleine Schritte, indem Sie erst einmal sieben Tage lang auf etwas verzichten, das Sie sonst stets ganz selbstverständlich begleitet: der abendliche Griff zu Süßigkeiten oder Chips, die Pausenzigarette oder der ständige Blick aufs Smartphone. Die Möglichkeiten sind vielfältig, auch Fleischverzicht und Einschränkung des Fernsehkonsums sind denkbar. Das Schöne daran: Danach werden Sie sich entweder besonders darauf freuen und das bisher Selbstverständliche ganz besonders wertschätzen oder gar erkennen, dass es Ihnen überhaupt nicht fehlt. Dann ist der komplette Verzicht ein echter Gewinn – für mehr Zeit, neue Ideen, neue Inspirationen, neue Schätze in Ihrem Leben.

GRÜN IST LEBEN

Grün galt Hildegard als heilige Farbe, als Anschein und Ausdruck kosmischer Energie. Diese schöpferische „Grünkraft" liegt ihr zufolge allem Leben, sogar Himmel und Erde zugrunde. Da die naturkundige Geistliche den Menschen als miniaturisiertes Abbild (Mikrokosmos) der uns umgebenen Welt (Makrokosmos) verstand, ist diese Kraft ebenso Teil von uns wie auch heilmächtiges Mittel, um Krankheiten vorzubeugen und zu kurieren.

Der einfachste Weg sich dieser Kraft auszusetzen, ist der Gang in die freie Natur, deren vorherrschende Farbe nun einmal das Grün ist. Wagen Sie sich jeden Tag mindestens sieben Minuten ins Herz der Natur – und sei es nur der Schritt in den wildwüchsigen Hinterhof oder der Gang in den nahegelegenen Stadtpark. Füllen Sie Ihre Augen und Ihr Herz mit allem Grünen. Atmen Sie die frische Luft und folgen Sie der Sonne mit dem Gesicht wie eine Sonnenblume. Selbst wenn sie krank sind oder gestresst, oder besser: Vor allem wenn Sie krank sind oder gestresst, gehen Sie bei Wind und Wetter hinaus in die Natur, um sich als Teil von ihr zu fühlen und zu begreifen.

MAß UND MÄßIGUNG

Allein die Dosis entscheidet über Heilmittel oder Gift. Diese antike Weisheit ist heutzutage genauso aktuell wie zu Hildegards Zeiten, wenngleich sie dieser Erkenntnis erst wieder zu neuer Blüte verhalf. Demzufolge ist es ebenso schädlich für Körper und Geist, das ganze Leben eisern und streng auf militärisch anmutende Gesundheitsplanung auszulegen wie auf gedankenlose Maßlosigkeit.

Was wie ein Drahtseilakt klingt, ist gar nicht so schwierig, wenn Sie weder allein auf Kopf noch Bauch hören, sondern vor allem auf Ihr Herz. Lassen Sie Freude und Wohlgefühl Ihre Wegweiser sein. Essen und trinken Sie nicht über Hunger und Durst und achten Sie auf die Signale Ihres Körpers. Bleiben Sie nicht zu lange wach und treiben Sie nicht zu viel und nicht zu wenig Sport. Faulenzen Sie ohne Langeweile, sitzen Sie, ohne sich hängen zu lassen und gehen Sie, ohne zu eilen. Lieben Sie, ohne zu klammern und verneinen Sie, ohne zu hassen. Lachen Sie, weinen Sie, seien Sie weder alles, noch nichts. Seien Sie Sie selbst. Im Gleichgewicht zu bleiben ist das einzige Wundermittel, das Hildegard und das Leben für Sie bereithalten.

VON DER WURZEL AUF GESUND

Der Gang zum Arzt und zur Apotheke sowie der Griff zu Schmerzmitteln beim Aufkommen erster Anzeichen von Unbehagen sind für viele Menschen Alltag. Nahrungsergänzungsmittel und prophylaktische Medikamente werden zur Selbstverständlichkeit. Die Überzeugung von der Wirksamkeit der Schulmedizin und der Urteilskraft anderer bezüglich des eigenen Körpers ist oftmals ausgeprägter als das Vertrauen in die eigene innere und äußere Wahrnehmung.

Für Hildegard gingen ausgewogene Ernährung, Selbstwahrnehmung und die Harmonisierung mit Natur und Schöpfung stets Hand in Hand. Begegnen Sie Leiden bevor sie ausbrechen mit Vernunft und Gefühl, statt mit Angst und Übermaß. Versuchen Sie Beschwerden auf den Grund zu gehen, ganz gleich ob zu Hause, in der Apotheke oder beim Arzt. Wenn Sie nur Symptomen begegnen, dringen Sie selten bis zur Ursache vor, die oft nicht rein körperlicher, sonder vielmehr seelischer Natur ist. Nur wenn die Wurzel einen Pflanze gesund ist, gedeiht sie und steht in voller Blüte.

DREI PFADE
HAT DER MENSCH IN SICH,
IN DENEN SICH
SEIN LEBEN TÄTIGT:
DIE SEELE, DEN LEIB
UND DIE SINNE.

GUTES KORN

Im 12. Jahrhundert bildete Getreide die Basis der menschlichen Ernährung. „Unser täglich Brot" aus Roggen und Hafer stellte im bäuerlichen Europa das Grundnahrungsmittel dar, während Weißbrot aus feinem Weizenmehl den höheren Schichten vorbehalten blieb. In Hildegards Küche spielten zudem Breie aus Gerste und Hafer eine wichtige Rolle, welche sie den derben Fleischgerichten des aufstrebenden Bürgertums vorzog.

Heutzutage kommt viel zu oft hochgezüchteter Auszugsweizen auf den Tisch und selbst beim Roggen ist von Vollkorn nicht immer etwas zu sehen. Gleichzeitig werden exotische Getreidesorten wie Quinoa und Amarant als gesunde Alternativen angepriesen. Kehren Sie stattdessen zu den ursprünglichen Getreidesorten unserer Vergangenheit zurück und geben Sie vor allem den sieben alten Sorten eine neue Chance. Genießen Sie in Brot und Gebäck, in Müsli und Brei das volle Korn von Dinkel, Gerste, Hafer, Rispenhirse, Emmer, Einkorn und Buchweizen. Gehen Sie auf eine geschmackliche Zeitreise für Körper und Seele.

7

DER EIGENE GARTEN

Die Zeiten, in denen die meisten Menschen überwiegend Selbstversorger waren, sind schon lange vergangen. Wir haben die Verantwortung für Herkunft und Anbauweise weitestgehend abgegeben und sind nur noch mehr oder weniger bewusste Konsumenten. Dasselbe gilt für Gewürze und Arzneien, die in den Klostergärten, den Apotheken des Mittelalters, zu alter und neuer Blüte fanden.

Dabei ist es jedoch nicht nur ein gutes Gefühl, zumindest zum Teil den Teller aus eigener Kraft und Quelle zu füllen, sondern zudem ein befreiendes und urtümlich erhebendes, dem Anbau von der Aussaat bis zur Ernte beizuwohnen. Auch wenn ein kleines Beet, ein Hochbeet oder ein Gewächskasten genügt, um eine Handvoll Mangold, Möhren und Kopfsalat zu ziehen, müssen Sie sich nicht grämen, selbst dafür keinen Platz oder keine Zeit zu haben. Sieben Minuten täglich genügen, um sich einer kleinen Schar Topfpflanzen auf der Fensterbank oder dem Balkon zu widmen. Tomaten, Salbei, Thymian und Minze etwa geben sich mit einem Schluck Wasser und sanftem Zuspruch zufrieden, an dem diese ebenso wachsen werden wie Sie selbst.

JAHRESZEITEN AUF DEM TISCH

Obst und Gemüse galten bei Hildegard als Könige und Königinnen der Ernährung, während die Feld- und Wiesenfrüchte in den wohlhabenden und adligen Kreisen als Bauernspeisen verpönt waren. Diese büßten die Mangelernährung schließlich mit Verdauungsbeschwerden und Folgeleiden.

Heute wissen schon Kinder, dass sie – zu ihrem Leidwesen – nicht um ein bisschen Grün auf ihrem Teller herumkommen. Allerdings ist grün (oder gelb oder rot) nicht gleich grün, denn selbst wenn wir mehr denn je auf ökologisch erzeugte Lebensmittel Wert legen, sagt ein Gütesiegel nicht immer etwas über Herkunft und saisonalen Anbau aus. Auch in Bioläden quellen die Obst- und Gemüseabteilungen über vor ganzjährigen Angeboten aus aller Welt oder den Tiefkühllagern. Doch unser Körper durchläuft wie die Felder und Obstwiesen die Jahreszeiten mit unterschiedlichen Ansprüchen und Notwendigkeiten. Wenden Sie sich saisonaler und regionaler Ernährung aus Bescheidenheit und Vorfreude zu und sehen Sie der alljährlichen, früh-sommerlichen Rückkehr der Erdbeeren oder der herbstlichen Kürbis- und Rübenernte entgegen. Das nächste Erdbeerfeld (zum Selberpflücken) liegt vielleicht näher an Ihrem Zuhause als Sie denken!

SÜSSES LEBEN

Die Geheimnisse des Honigs werden seit Jahrtausenden gehütet, und so verwundert es nicht, dass auch Hildegard die heilsamen Kräfte des Bienenwerks zu schätzen wusste. Tatsächlich ist Honig das einzige verbreitete Süßungsmittel des europäischen Mittelalters und schon deshalb von besonderem Wert. Moderne Ernährungswissenschaftler verweisen immer gerne darauf, Honig würde sich chemisch betrachtet kaum von raffiniertem Zucker und anderen Süßstoffen unterscheiden. Dabei sind mittlerweile nicht nur die antibakterielle, entzündungshemmende Wirkung nachgewiesen, sondern auch die wertvollen Begleitstoffe wie Vitamine und Enzyme.

Wer also nicht auf das süße Leben verzichten möchte oder kann, sollte vornehmlich zu ökologisch hergestelltem Honig greifen, anstatt zu weißem Zucker. Selbst Alternativen wie Agavendicksaft und Vollrohrzucker sind diesem weit überlegen. Und wenn Sie dann versuchen, sich einer kleinen Süßigkeit pro Tag wenigstens sieben Minuten zu widmen, diese langsam und bewusst zu genießen, anstatt sie eilig herunter zu schlingen, bekommt diese Süße eine völlig andere Wertigkeit für Sie.

HILDEGARDS LEBENS- UND ERNÄHRUNGSREGEL I

SPEISEPLAN

Hildegard gibt zu beachten, bei Auswahl und Verzehr von Lebensmitteln neben kulinarischen Gesichtspunkten vor allem auch ihre Wirkungen und Heilkräfte in Erwägung zu ziehen. Einerseits um Mängel und Erkrankungen zu begegnen, andererseits aber auch um keine unliebsamen Effekte heraufzubeschwören, wenn Sie sich beispielsweise zu einseitig ernähren. Gleichzeitig sind Geschmäcker und Wirksamkeiten bei jedem Menschen unterschiedlich. Hören Sie also im wahrsten Sinne des Wortes auch auf Ihr Bauchgefühl.

Gehen Sie dabei Schritt für Schritt vor, um Ihren Speiseplan und Ihren Horizont zu erweitern: Schon ein paar Minuten täglich sind ausreichend, um sich erstmals mit einem Nahrungsmittel vertraut zu machen. Schlagen Sie in Büchern nach oder recherchieren Sie im Internet, informieren Sie sich über Inhaltsstoffe, Anbaugebiete und -zeiten sowie Zubereitung und Grundrezepte. Machen Sie sich kurze Notizen und probieren Sie aus, was Ihnen schmeckt und gut bekommt. Streichen Sie Nahrungsmittel, die Ihnen nicht guttun, und stellen Sie auf diese Weise Ihren persönlichen Speiseplan (z. B. wochenweise) zusammen.

HILDEGARDS LEBENS- UND ERNÄHRUNGSREGEL II

HEILFASTEN

Fasten als eine der traditionellsten Formen mittelalterlicher Askese nahm in Hildegards Auffassung von Gesundheit und Heilung nicht die zentrale Rolle ein, die von jemandem zu erwarten wäre, der seit dem achten Lebensjahr ein klösterliches Leben führte.

Stattdessen plädierte sie für einen mäßigenden Umgang mit dem Verzicht. Auf Hildegard zurückgehend lassen sich drei zunehmend anspruchsvollere Arten des Heilfastens unterscheiden: Dinkelfasten, Dinkel-Reduktionskost und Hildegard-Fasten. Wenn Sie ohne großen Aufwand und ohne Belastung Ihren Körper entschlacken wollen, halten Sie sich am besten an das Dinkelfasten.

Dazu nehmen Sie sich vier bis sechs Wochen Zeit, in denen Sie täglich drei Mahlzeiten zu sich nehmen, die vorwiegend aus Dinkelprodukten sowie Obst und Gemüse bestehen. Tierisches Eiweiß und Fett sollten Sie derweil sehr sparsam einsetzen. Lassen Sie in Sachen Dinkelmahlzeiten Ihrer Fantasie freien Lauf: Brötchen, Brot, Grieß, Suppen, Reis und Nudeln – alles ist erlaubt, was Ihnen schmeckt und vor allem guttut.

HILDEGARDS LEBENS- UND ERNÄHRUNGSREGEL III

RHYTHMUS

Gesund zu essen und zu trinken ist ein großer Schritt in Richtung Zufriedenheit und Wohlgefühl. Doch nur, wenn Ihr Körper in der richtigen Grundverfassung ist, können Vorsorge und Heilung in einem vernünftigen Maße greifen.

Dazu braucht es keine Zauberei, keinen besonderen Aufwand, außer der Entscheidung, sich genügend Ruhe zu gönnen und sich gleichzeitig ausreichend zu bewegen. Versuchen Sie nach und nach wohltuende Lebensrhythmen aus Wachen und Schlafen, Ruhe und Aktivität zu etablieren. Gönnen Sie sich sieben bis neun Stunden Schlaf pro Nacht und möglichst eine kurze Phase der Mittagsruhe. Besonders die Morgenstunden und die Abende eignen sich für sportliche Aktivitäten, während der frühe Nachmittag eher eine Zeit der Unaufgeregtheit sein sollte. Essen Sie nach Sonnenuntergang nichts mehr oder lediglich leichte Speisen, damit Ihr Körper im Bett auch die nötige Ruhe findet. Nur wenn der Alltagsrhythmus stimmt, kommt die Melodie Ihres Lebens nicht aus dem Takt.

DAS GEHÖR
IST DER ANFANG
DER VERNÜNFTIGEN
SEELE.

HILDEGARDS LEBENS- UND ERNÄHRUNGSREGEL IV

SELBSTERKENNTNIS

Während die Einstimmung auf harmonische Lebensrhythmen in gewisser Weise ein Ordnen unserer äußerlichen Welt darstellt, ist es möglich und notwendig, auch unsere innerliche Welt in Einklang zu bringen.

So manche Erkrankung und körperliches Unwohlsein sind nur Symptome eines weit tiefer sitzenden Leidens. Laut Hildegard ist unsere Seele ein mindestens ebenso vitaler Bestandteil unseres Daseins wie unser Körper. Trägt sie schwer oder wird verletzt, erkrankt der ganze Mensch. Deshalb ist es zwingend sinnvoll, die seelischen Abwehrkräfte zu stärken, und zwar durch Selbsterkennung.

Versuchen Sie sich selbst dem Stress, dem Sie ausgesetzt sind, gewahr zu werden, den Ängsten, an denen Sie leiden, und all den Schwernissen, die Ihnen zusetzen. Suchen Sie nach Möglichkeit das Gespräch mit einer Vertrauensperson, denn gemeinsam sehen Sie schärfer und klarer. Das Erkennen allein wird Ihre Seele bereits erleichtern und Ihnen innere Kraft geben, zu dem zu werden oder zurückzukehren, der oder die Sie sein wollen.

7

HILDEGARDS LEBENS- UND ERNÄHRUNGSREGEL V

WELTELEMENTE

Bereits in der Antike dominierte in der Heilkunde die so genannte Vier-Elemente-Lehre. Laut dieser sind die vier Elemente – Feuer, Wasser, Erde und Luft – Ableitungen des allem zugrunde liegenden Urstoffes, und damit auch die Bausteine des menschlichen Seins. So verdankt der Mensch seine Wärme dem Feuer, seinen Atem der Luft, sein Blut dem Wasser und sein Fleisch der Erde.

Hildegard stand in dieser Tradition und war überzeugt, Krankheit und Heilung hingen immer auch mit Mischformen und Beeinflussung der vier Elemente zusammen. Zwar ist es durch Ernährung und Lebensart möglich, die uns innewohnenden Kräfte ins Gleichgewicht zu bringen, doch vielleicht wählen Sie einfach einen direkteren Zugang zur Quelle, um neue Lebensenergie zu schöpfen. Setzen Sie sich für jeweils sieben Minuten (es können natürlich auch mehr oder weniger sein, je nachdem, wie Sie sich dabei fühlen) den reinen Elementen aus: Spüren Sie die heilsame Wärme eines Lagerfeuers oder der Sonne auf der Haut, den lebendigen Atem des Windes auf dem Gipfel eines Berges oder auf freiem Feld, die kühle Kraft eines Baches, der Ihre Knöchel umfließt, und die friedvolle Unveränderlichkeit der Erde in einem Bett aus Gras.

TREIBSTOFFE DES LEBENS

Es ist allgemein bekannt, dass der Mensch länger auf feste Nahrung verzichten kann, als auf flüssige. Dennoch widmen wir festen Speisen meist mehr Aufmerksamkeit, während Getränke oft achtlos heruntergestürzt oder ganz allgemein vernachlässigt werden. Über die Tatsache hinaus, täglich genügend Wasser zu trinken, sollten Sie hin und wieder einem besonderen Getränk wenigstens sieben Minuten und Schluck für Schluck unbeschränkte Aufmerksamkeit widmen.

Hildegard erachtete zum Beispiel Dinkelbier als kleines Wundermittel zur allgemeinen Stärkung, gegen Hautprobleme sowie Kreislauf- und Nervenleiden. Es sei allerdings erwähnt, dass damaliges Bier deutlich weniger Alkoholgehalt aufwies. Dinkelkaffee hingegen enthält weder Alkohol noch Koffein und Säure und wurde von ihr als Genuss-, aber auch Abführmittel geschätzt. Zur Zubereitung werden im Verhältnis von vier zu eins braun und schwarz gebrannte Dinkelkörner aufgekocht, abgeseiht und für jede neue Zubereitung so lange mit frischen Körnern vermengt und aufgekocht, bis die ersten aufplatzen.

Mit Wasser verdünnte (ungezuckerte!) Obstsäfte galten Hildegard als gesunde Durstlöscher. Ebenso wie Wein dienten ihr Kräutertees hingegen als reine Heilmittel. Lediglich Fenchel und Hagebutte bildeten Ausnahmen, da sie bedenkenlos warm oder kalt als gesunde Durstlöscher herangezogen werden können und sollten.

AUSZEITEN
ALS KRAFTQUELLE

Seien wir ehrlich: Selbst eine einfache Erkältung ist lästig. Bereits hier fällt es schwer, etwas Positives darin zu sehen. Wenn wir dann noch in Betracht ziehen, wie viele schwerere, geradezu tragische Krankheiten existieren, erscheint es schlichtweg unmöglich, den Kopf nicht deprimiert sinken zu lassen.

So zynisch es dem ersten Anschein nach auch klingen mag: Hildegard gibt dem Kranken zwar Mitgefühl mit auf den Weg, aber auch den Rat, ein Leiden als Chance zu begreifen. Sie sieht darin eine entscheidende Lebensprüfung, um das Vertrauen in Gott und die Hoffnung selbst im Angesicht der größten gesundheitlichen Not nicht zu verlieren. Selbst aus weit weltlicherer Perspektive können sich auf diese Weise Wege aus der Krankheit und darüber hinaus ergeben. Ist eine Erkrankung vielleicht ein Zeichen für falsche Ernährung, für zu wenig Bewegung oder einen ungesunden Lebenswandel? Ist mein Herz glücklich, sind es mein Kopf und meine Seele? Manchmal verschafft uns eine unfreiwillige Auszeit eine wichtige Gelegenheit zum Nachdenken und zum Nachfühlen in uns selbst.

INNERES FEUER
UND LEBENSFUNKEN

Die Wärme unseres Körpers, die ihn am Leben hält, schreibt Hildegard dem Element Feuer zu, das ihr zufolge fünf Kräfte besitzt, so wie der Mensch fünf Sinne. Die Hitze mag darunter die offenkundigste und zugleich bedeutendste sein.

Um das Feuer in uns selbst wahrzunehmen, seine Energie zu spüren, die uns in Bewegung setzt und am Brennen hält, für all die Dinge, die wir lieben, genügt eine einfache Übung. Sieben Minuten sind dafür schon ausreichend. Ganz gleich, ob Sie sitzen, knien oder stehen, verschaffen Sie sich etwas Ruhe und Entspannung. Schließen Sie die Augen und atmen Sie nun mehrfach tief durch die Nase aus und ein. Lassen Sie Ihren Atem tiefer und tiefer in Brust und Bauch absinken, wo er sich zunehmend erhitzt. Schließlich lassen Sie die Luft langsam aus Ihrer Mitte durch den geöffneten Mund entweichen, während Sie durch die Nase einatmen. Entlassen Sie mit der ausströmenden Hitze alle Sorgen und Nöte und entfachen Sie Ihren Lebensfunken neu, hell und heiß.

WOHLTUENDER LEBENSATEM

Das Element Luft verwendet Hildegard oft synonym für die Seele selbst, wodurch es unter den anderen Elementen eine herausragende Stellung einnimmt. Immer wieder und mit großem Nachdruck widmet sie sich in ihren Schriften der Seelenkräfte des Menschen, die sie durch Selbsterkenntnis und Achtsamkeit gegenüber seiner Umwelt zu stärken sucht.

Wenn Ihnen das Leben über den Kopf wächst, der Stress überhandnimmt und Sie von Sinnesreizen überflutet werden, ist es manchmal sinnvoll, sich herunterzufahren und neu zu starten. Eine besondere Methode ist die so genannte wechselseitige Nasenatmung: Schließen Sie durch sanften Druck Ihres Daumens auf den Nasenflügel das rechte Nasenloch und atmen Sie tief durch das linke ein. Schließen Sie nun auch dieses mithilfe des Ringfingers derselben Hand. Halten Sie beide Nasenlöcher kurz geschlossen. Nun öffnen Sie das rechte, atmen erst aus, dann ein. Nun schließen Sie es wieder und atmen nach einer weiteren Pause durch das linke wieder aus. Wiederholen Sie diesen Kreislauf wenigstens sieben Mal.

INS SCHWITZEN KOMMEN

Mehr noch als die eigene Badewanne empfiehlt Hildegard Schwitzbäder zur Stärkung der Abwehrkräfte und der Milderung überschüssiger Körpersäfte. Saunabesuche würde sie deshalb wohl auch heute schätzen und anraten. Besonders in Kombination mit kalten Bädern oder Wechselduschen können heiße Steine Wunder wirken.

Doch neben der Stimulation des Immunsystems sollten Sie eine weitere Besonderheit als mindestens ebenso positiven Effekt betrachten: das Abklopfen Ihrer körperlichen Grenzen. Erfahren Sie die erstaunliche Widerstandskraft des menschlichen Organismus, seine Fähigkeit nicht nur zu ertragen, sondern sogar zu genießen und Extreme in ungeahnte Kräfte zu wandeln. Ganz gleich, ob Sie sich Hitze oder Kälte aussetzen, das eventuelle Unbehagen entsteht zumeist in Ihrem Kopf. Haben Sie Vertrauen in sich und Ihren wundersamen Organismus. Hier und überall.

Lassen Sie es dennoch langsam angehen, tasten Sie sich voran, Schritt für Schritt, Atemzug um Atemzug, Minute um Minute. Erleben Sie am eigenen Leib die Anpassungsfähigkeit Ihres Körpers, seine Wandlungsfähigkeit, wodurch Sie sich gestalten können wie ein Bildhauer Lehm formt. Lassen Sie Zeit und Wille Ihre Werkzeuge sein.

JEDES DING DIENT EINEM HÖHEREN,

UND NICHTS ÜBERSCHREITET SEIN MAß.

AUF DEN GRUND GEHEN

Das Element Erde ist Teil des Menschen und gemäß Hildegard wirkt dessen Kraft, Lebendiges wachsen und welken zu lassen, auf uns ebenso wie auf das Korn, auf die Blume und den Baum. Große Ruhe und Weisheit liegt in der Erde, die wir uns nutzbar machen können, um uns selbst gegen die Stürme des Lebens zu wappnen.

Versuchen Sie sich mit der folgenden Sieben-Minuten-Übung zu erden und sich selbst zu ergründen: Stellen Sie sich barfuß auf eine Wiese oder schlicht auf Ihren Zimmerboden. Wippen Sie leicht zwischen Ballen und Ferse hin und her, um schließlich auf dem ganzen Fuß zur Ruhe zu kommen. Beugen Sie nun Ihre Knie leicht, halten Sie den Oberkörper aufrecht und rollen Sie Ihre Schultern nach hinten. Ziehen Sie Ihren Kopf leicht zurück und blicken Sie geradeaus. Nun schieben Sie das Becken nach vorn, um ein Hohlkreuz zu vermeiden. Die Arme hängen locker herab. Atmen Sie zunehmend ruhiger und tiefer. Mit jedem Atem-Ausstoß spüren Sie, wie Ihr Körper schwerer wird, in den Boden sinkt und sich fest verwurzelt.

ZUM ANFANG ALLER DINGE

Unter den vier Elementen schrieb Hildegard dem Wasser die meisten Kräfte zu, von der Beweglichkeit und dem alles durchströmenden Lebenssaft bis zum Quell jeden Wachstums.

Versuchen Sie bei Ihrem nächsten Bad, Schwimmhallen- oder Strandbesuch jenes Gefühl noch einmal zu erleben, welches ein Kind oder Schwimmanfänger verspürt, wenn es dem Wasser zum ersten Mal genug vertraut, um von ihm getragen zu werden. Lassen Sie sich dazu ganz vom Wasser umfangen. Fühlen Sie den Austausch von Wärme zwischen Ihrer Haut und den Fluten. Legen Sie sich auf den Rücken und übergeben Sie dem Wasser Ihr ganzes Körpergewicht. Lassen Sie sich umfließen und umschmeicheln, während Ihre Muskeln und Sehnen, Knochen und Gelenke die wunderbare Schwerelosigkeit genießen. Treiben Sie, fliegen Sie, lösen Sie sich ganz auf, vermischen Sie sich mit der Urkraft des Wassers und setzen Sie sich neu zusammen.

EIN KLEINES UNIVERSALHEILMITTEL ...

... zumindest gegen Erkältungskrankheiten und Immunschwäche hat Hildegard für uns doch noch parat: das Eberwurz-Zimt-Bertram-Pulver, dem sie besondere vorbeugende und kurierende Kräfte zuschrieb.

Mindestens ebenso wichtig wie der Verzehr ist jedoch die in etwa siebenminütige Zubereitung: Zerreiben Sie Wurzel und Blätter des reinigenden und aufbauenden Eberwurz, bevor Sie davon zwei Teile mit jeweils einem Teil des pulverisierten Bertrams und des stärkenden sowie stimmungsaufhellenden Zimts vermengen. Im Holz- oder Steinmörser sind die Zutaten schnell zerkleinert und vermischt, bevor Sie täglich ein bis drei Messerspitzen Pulver – in noch einmal mindestens sieben Minuten bewussten Verzehrs – mit Brot, in Wein oder in einer Suppe Ihrer Wahl zu sich nehmen.

Denken Sie immer daran: Beim Heilen ist der Prozess des Kümmerns im selben Maße von wirksamer Bedeutung wie das eigentliche Anschlagen der stofflichen Behandlung. Fürsorge – ganz gleich, ob bei jemand anderem oder bei Ihnen selbst – ist Balsam für die Seele.

SCHLAF FINDEN

Kaum etwas ist befreiender, heilsamer und klärender als der frische Morgen nach einer friedlich durchschlafenen Nacht. Doch nicht nur junge Eltern kennen schlaflose Zeiten. Sorgen beschweren unsere Brust, ruhelose Gedanken halten unsere Augen offen.

Um sich wirklich gesundschlafen zu können, rät Hildegard, vor dem Zubett-gehen einen Aufguss aus Kamille und Lindenblüten oder Passionsblume, Helmkraut, Baldrian und Hopfen einzunehmen. Lassen Sie den Tee wenigstens zehn Minuten ziehen und nehmen Sie sich noch einmal mindestens sieben Minuten, um ihn schluckweise zu trinken. Alternativ empfiehlt sich eine mit etwas Apfelessig und Honig angereicherte Tasse heißes Wasser.

Zur ganzkörperlichen Entspannung ist zudem ein Kräuterbad geeignet, in dem Sie ein Stoffsäckchen mit Lavendel beim Einlassen unter den Wasserhahn hängen. Ein hinzugegebener Lavendelaufguss intensiviert die Wirkung. Kommen Sie zur Ruhe, dann kommt die Ruhe auch zu Ihnen.

GUTE STIMMUNG

Irgendwann wünscht jeder sich einmal, im Leben wie in einem Buch ein paar Seiten vorzublättern oder ein ganzes Kapitel einfach herauszureißen. Nicht immer gefällt uns die eigene Rolle in der Geschichte. Wenn Erwartung auf Enttäuschung trifft, kann man schnell und tief in ein Loch fallen.

Doch so vielgestaltig die Gründe für Verstimmung bis hin zur Depression auch sind, so reichhaltig sind die Kräuter, die dagegen gewachsen sind. Um das Nervensystem zu stärken, nennt Hildegard u.a. Hafer und Eisenkraut, während Aufgüsse mit Rosmarin und Johanneskraut stimmungsaufhellend wirken.

Um zu spüren, dass Sie noch da sind und um sich selbst Halt zu geben, beträufeln Sie Ihre Handflächen mit ätherischen Ölen der Zitrone, der Rose oder der Orange. Dann streichen Sie sieben Minuten lang am Hals beginnend über Schultern und Arme das Unbehagen sanft massierend aus dem Körper.

SELBST
IST DER HEILER

Manches Mal scheint allein der Besuch beim Arzt, beim Physiotherapeuten oder Heilpraktiker wahre Wunder zu wirken – und zwar unabhängig von der Medikation oder der Behandlung. Das Gefühl, einen Schritt in die richtige Richtung gemacht zu haben, umsorgt zu werden, behütet zu sein und größere Probleme vielleicht ausgeschlossen zu haben, ist beruhigend und heilsam.

Um es vorweg zu sagen: Die Entscheidung, einen Spezialisten aufzusuchen, treffen Sie allein und ist erst einmal nicht grundsätzlich falsch. Dennoch ist es manchmal sinnvoll, sich seiner eigenen Fähigkeiten zu versichern. Vertrauen Sie bei kleineren Gebrechen den Selbstheilungskräften Ihres Körpers und Ihrer Seele. Ziehen Sie die Geschenke der Natur heran, indem Sie entweder Hildegards Weg folgen oder schlicht Ihrem eigenen Gefühl vertrauen. Trinken Sie genügend, schlafen Sie ausreichend, schonen Sie sich und seien Sie vor allem zuversichtlich. Kümmern Sie sich nicht nur um die Probleme anderer, sondern lassen Sie auch sich selbst die nötige Ruhe und Fürsorge zuteilwerden. Seien Sie Patient und Heiler in einem.

DAS KRÄUTERBUCH

Hildegard verbrachte einen Großteil ihres Lebens mit dem Sammeln von verstreutem und fast vergessenem Wissen. Eigene und überlieferte Erfahrungen bündelte sie gewissenhaft und gab diesen Schatz an ihre Nachwelt weiter.

Doch so wie jedes Kraut und jede Pflanze einzigartig ist – Wert und Wirkung zwar mit ihren Artgenossen teilt, aber doch nie ganz und gar den anderen gleicht –, spricht jeder Mensch ein wenig anders auf Rezepte und Heilmittel an. Darüber hinaus spielen Vorlieben, Geschmäcker und Allergien mit hinein. Versuchen Sie deshalb selbst Buch zu führen über Ihre Erfahrungen mit Hildegards Arzneien und Lebenshilfen. Füllen Sie jeden Tag die leeren Seiten eines Notizbüchleins ein wenig mehr mit Dosierungsempfehlungen, Krankheits- und Heilungsverläufen, persönlichen Empfindungen, Freuden und Traurigkeiten. Allein sieben Minuten pro Tag genügen, um schon bald ein persönliches Tagebuch, einen individuellen Almanach zusammenzustellen, den Sie eines Tages vielleicht sogar an eine für Sie wichtige und besondere Person weitergeben wollen.

UND ALLES,
WAS LEBT,
HAT EINEN
URTRIEB
NACH
LIEBENDER
UMARMUNG.

BITTER TUT GUT

Von den vier Geschmackszonen der menschlichen Zunge stimulieren wir meist nur jene drei, die es uns ermöglichen, süße, saure und salzige Speisen zu genießen. Das tiefer im Rachen sitzende Bitterzentrum fristet oft ein vernachlässigtes Dasein.

Dabei weist nicht nur Hildegard auf die weitreichend heilsamen Wirkungen von Bitterstoffen hin. Pflanzen wie Tausendgüldenkraut, Wermut und Schafgarbe unterstützen den Magen und die Verdauung, wirken allgemein appetitanregend und kräftigend, vor allem für Menschen, die sich nach einer Krankheit oder Verletzung gerade wieder erholen. Sie sind blutbildend, kommen Leber und Galle zugute, wirken harntreibend und antibakteriell, da manche von ihnen zudem ätherische Öle enthalten.

Kommen Sie auf den Geschmack von Bitterstoffen, indem Sie sich bewusst darauf einlassen. Nehmen Sie sich regelmäßig zumindest sieben Minuten Zeit für eine „Verkostung“, schwenken Sie entsprechende Kräuteraufgüsse lange genug im Mund, um Ihre Zunge und Ihren Organismus damit vertraut zu machen.

7

TEEZAUBER
FÜR JEDEN TAG

Kräuteraufgüsse zur innerlichen und äußerlichen Anwendung spielen in der Hildegard-Medizin eine bedeutende Rolle, sind sie doch vergleichsweise einfach anzuwenden, besitzen aber gleichzeitig ein weites Wirkungsspektrum.

Lassen Sie sich allerdings nicht täuschen: Kräutertees sind richtig eingesetzt hochwirksam, unsachgemäß angewendet jedoch im besten Fall nutzlos, und im schlechtesten Fall mit unliebsamen Folgen verbunden. Meist werden zwei gehäufte Teelöffel mit einem viertel Liter sprudelndem Wasser aufgegossen, abgedeckt und nach zehn Minuten abgeschüttet. Die Einnahme erfolgt für gewöhnlich in Form von zwei bis drei schluckweise getrunkenen Tassen zwischen den Mahlzeiten. Auf Wunsch kann mit Honig gesüßt werden.

Folgen Sie den Anweisungen zu den jeweils verwendeten Kräutern genau. Wenn Sie wollen, betrachten Sie die Zubereitung als feierliche Zeremonie, bei der man keinen Fehler machen möchte und die entspannend und belebend zugleich wirkt.

BAUCHLADEN DER NATUR

Apotheken und spezialisierte Anbieter versorgen uns mit all dem Stofflichen, das Hildegard uns ans Herz legt. Als Pulver, Tinktur, Salbe oder Tee liegen so gut wie alle Heilpflanzen vor. Doch Hildegard steht auch für Selbstverantwortung und Naturverbundenheit. Was liegt also näher, als selbst in Wald und Flur hinauszugehen und nach frischen Heilpflanzen Ausschau zu halten?

Doch Vorsicht! Ohne fundierte Kenntnisse können die Fallstricke der Natur Sie ins Straucheln bringen und gefährlich werden. Sie müssen echte Heilpflanzen erkennen und von eventuell giftigen Zwillingen unterscheiden können. Nicht alle Pflanzen und Pflanzenteile sind für den Laien unbedenklich oder sie stehen unter Naturschutz. Das Wissen um naturbelassene Standorte und die geeignete Aufbereitung ist zudem unerlässlich.

Sich diese Fähigkeiten anzueignen kann ein spannendes Fach in der Schule des Lebens sein. Konsultieren Sie Kräuterkundige, besuchen Sie Kräuterführungen oder schlagen Sie in Heilpflanzenbüchern nach. Ihr Körper und Ihre Seele werden diesen Spaziergang durch die Natur zu schätzen wissen.

BEFREIENDE DAMPFKRAFT

Inhalationen über einer Schüssel – vor allem mit ätherischen Ölen aus Kräutern – eignen sich hervorragend um Kopf und Atemwege zu befreien. Etwas aufwendiger, aber nicht von geringerer Wirkung sind Dampfbäder mit pflanzlichen Ansätzen.

Über die medizinische Wirkung hinaus lassen sich damit intensive Atemübungen verbinden, auf die Sie sieben der zehnminütigen Gesamtzeit verwenden können. Beginnen Sie mit gleichmäßigem Einatmen durch die Nase und Ausatmen durch den Mund. Stellen Sie sich den reinigenden Weg des reichhaltigen Dampfes durch Ihr Innerstes vor und befreien Sie sich davon mit Freude und Erleichterung. Spüren Sie nun, wie sich der heiße, heilende Odem immer weiter und tiefer in Ihnen ausbreitet, jeden Finger, jeden Zeh, jeden Winkel erreicht, ausfüllt und mit heilendem Tau benetzt. Gleichzeitig wirbelt jeder Luftstoß neuen Dampf auf, der Ihr Gesicht sanft erwärmt und die Poren öffnet, wodurch Ihre Haut in den Atemrhythmus einsteigt.

DEN FÜSSEN EIN SEGEN

Unsere Füße tragen uns im besten Fall ein Leben lang durch die Welt, durch Höhen und Tiefen, durch Licht und Schatten. Auf ihnen lasten alle Schwernisse, auf ihnen ruht unser ganzes Selbst. Selten danken wir es ihnen, schelten sie aber, wenn sie ihren schier unermüdlichen Dienst versagen.

Auch wenn Hildegard ansteigende Fußbäder vor allem als Prophylaxe gegen heraufziehende Erkältungskrankheiten empfiehlt, profitieren doch auch unsere Füße. Geben Sie reichlich Thymiantee und etwas weniger Schachtelhalmtee in eine angenehm warme Fußbadewanne. Erhöhen Sie nun in den ersten sieben Minuten kontinuierlich die Temperatur durch Zugabe von heißem Wasser. Die zweiten sieben Minuten widmen Sie sich vollständig der meditativen Entspannung. Schließen Sie die Augen, atmen Sie bis in die Zehenspitzen, fühlen Sie die sich im Wasser ausbreitenden Füße, bis diese leicht werden und sich aufzulösen scheinen. All das, was auf Ihnen und Ihren Füßen lastet, wird nichtig und klein.

ALTE WUNDEN

Äußerlich angewendet dient sich uns bei der Wundversorgung insbesondere die Kamille an. Waschungen mit Kamille-Aufgüssen helfen bei Hautunreinheiten, eignen sich aber auch zur Reinigung von alten Wunden.

Nicht ganz so einfach erscheint hingegen die Versorgung seelischer Wunden, die uns andere Menschen oder das Leben selbst geschlagen haben. Ja, die Zeit heilt alle Wunden, doch seelisches Narbengewebe kann auch nach vielen Jahren noch immer zu Spannungen und Schmerzen führen. Gleichsam ist die Zeit das Feuer, in dem wir geschmiedet werden. Jeder Schlag den wir erfahren, den wir erdulden, der uns niederwirft, formt uns zu dem, was wir sind. Führen Sie sich vor Augen, dass Sie der Schmied sind, der den Hammer führt. Sie gestalten sich, geben sich Form und Größe.

Betrachten Sie alte Wunden auf und unter der Haut als Landmarken auf der Karte Ihres Lebens. Diese stecken den Weg ab, den Sie gegangen sind, lassen uns zurückblicken und geben Orientierung für unseren weiteren Weg, den wir immer weiter gehen können, weil Seelen – im Gegensatz zu Knochen – nicht brechen.

DIE KRAFT DES GLAUBENS

Hildegards Schriften sind nicht unbedingt nach heutigen wissenschaftlichen Standards entstanden. Nicht alle Zeilen halten modernen Erkenntnissen Stand und manchen Leser wird vielleicht die Rückbesinnung auf im weitesten Sinne christliche Glaubenslehren befremden. Aber Hildegard war nun einmal Benediktinerin und schöpfte Kraft, Mut und Überzeugung nicht nur aus antiken Überlieferungen, Volksbrauchtum und eigenen Erfahrungen, sondern vor allem aus Ihrer persönlichen Hinwendung zu Gott. Dennoch würde man zu kurz greifen, sie als frömmelnde Kirchenlehrerin darzustellen, denn viele ihrer Denkansätze sind ganz allgemein philosophischer Natur.

Heutzutage stehen vor allem religiöse Extreme sowie auf der anderen Seite die Abkehr von Kirche und Religion im Licht der öffentlichen Wahrnehmung. Der Glaube wandert zunehmend ins Private ab, trägt individuelle Züge oder wird gänzlich abgelegt. Daneben entstehen Spaßreligionen und Naturreligionen erlangen wieder Bedeutung. Doch darin liegt wahrlich nichts Bedauerliches, denn jedes friedliche Bekenntnis – seien es die alten Weltreligionen, der Glaube an Feenwesen oder der reine Vernunftglaube an Wissenschaft und Technik – gibt uns Halt und Orientierung. Darin liegt eine besondere Botschaft aus Hildegards Leben.

VOM HERZEN ABER GEHT HEILUNG AUS,
WENN DAS MORGENROT EINES NEUBEGINNS
SICHTBAR WIRD.

REZEPT ZUR ZUFRIEDENHEIT

Hildegards Rezepte sind von bestechender Einfachheit, ohne Exotik und unnötige Raffinesse. Jeder Koch und jede Küche ist in der Lage, ihre Speisen nachzukochen, auf die eigenen Bedürfnisse anzupassen und abzuschmecken. Verträglichkeit und Wirkung, Geschmack und Natürlichkeit stehen im Mittelpunkt ihrer kulinarischen Philosophie.

In Zeiten, da Kochshows im Fernsehen die Essenszubereitung als extravaganten Bombast zelebrieren, der Alltag vielen Menschen aber kaum Zeit lässt, wenigstens die Folie von der Fertigpizza zu entfernen, ist die Sehnsucht nach dem Einfachen und Verlässlichen verbreiteter denn je. Der Ausspruch „Warum in die Ferne schweifen, wenn das Gute liegt so nah" scheint den Kern der Hildegard-Küche freizulegen.

Vielleicht wird es Ihnen nicht ohne Weiteres gelingen, jeden Tag zu kochen. Setzen Sie sich dadurch nicht unnötig unter Druck. Versuchen Sie stattdessen einmal in der Woche ein neues Gericht zuzubereiten. Betrachten Sie das alleinige, ungestörte Kochen entweder als meditativen Akt der Selbstfürsorge oder teilen Sie sich die Küche mit Ihrer Familie oder Freunden, um das Gefühl von Gemeinschaft und Geborgenheit in das Gericht einfließen zu lassen.

7

SALBUNGSVOLLE PFLEGE

Die Haut ist nicht nur das größte Organ des Menschen, sie ist mehr noch Schild, Pforte und Brücke zwischen unserem Innersten und der Welt außerhalb von uns. Unser Seelenleben spiegelt sich auf ihr, und die Umwelteinflüsse, denen wir uns aussetzen, hinterlassen Spuren auf ihr.

Wenden Sie deshalb wenigstens sieben Minuten täglich auf, um Ihre Haut mit Pflegecreme oder -milch zu schützen und mit Salben zu heilen. Hildegard empfiehlt, dem Pflegeprodukt ätherische Öle wie Rosenöl beizumengen und Salbenrezepte mit entzündungshemmenden Ringelblumenblüten anzureichern.

Genauso wichtig wie die Zusammensetzung ist jedoch der Akt des Auftragens und Einmassierens. Die Heil- und Pflegestoffe entfalten ihre Wirkung am besten, wenn sie allein oder mit einem vertrauten Partner langsam und sanft in kreisenden Bewegungen aufgetragen werden. Der Kontakt, der Duft und die Geschmeidigkeit schmeicheln der Haut, den Sinnen und dem Gemüt. Spüren Sie, wie die Wirkung tief unter die Haut geht, sie nährt und stärkt für die Berührung mit der Welt.

GUT
ZU FUß

Auf den Zehenspitzen erreichen wir als Kinder vielleicht das Regal mit der ersehnten Süßigkeitendose, auf den Ballen laufen wir wie auf Wolken und auf den Absätzen machen wir kehrt. Unsere Füße verwurzeln uns, tragen uns bis ans Ende der Welt und mit ein bisschen Glück bis ans Ende unserer Zeit.

Deswegen sollten Sie ihnen jeden Tag für wenigstens sieben Minuten etwas Gutes tun: zum Beispiel ein Meersalzfußbad oder eine kleine Lauf-Übung. Gehen Sie dafür abwechselnd auf den Ballen, auf den Außen- und Innenseiten sowie auf den Fersen. Federn und stampfen Sie, hüpfen Sie, laufen Sie seit- und rückwärts. Befreien Sie Ihre Füße, indem Sie so oft wie möglich barfuß oder in Barfußschuhen laufen (Vorsicht ist geboten, wenn Sie draußen unterwegs sind!). Seien Sie dankbar und tragen Sie Ihre Füße auf Händen.

Sollten Sie im Übrigen unter Fuß- oder Nagelpilz leiden, empfiehlt Hildegard einen Pflanzenbrei aus Zwergholunder als wirksames Mittel. Achtung: Halten Sie zuvor unbedingt Rücksprache mit Ihrem Arzt, denn die Pflanze ist giftig.

AUS ERFAHRUNG KLUG

So wie Hildegard das Wissen antiker Autoren nutzte und weiterentwickelte, so sollten auch wir hin und wieder zurückschauen – auf unsere eigenen Erfahrungen und die anderer.

Nehmen Sie Stift und Papier zur Hand. Nun notieren Sie sieben Errungenschaften und Erfolge, auf die Sie in Ihrem Leben wirklich stolz sind. Das können Ihr bestes Schulzeugnis sein, zwei Tore in einem Fußballspiel, die Versöhnung mit Ihrem Partner nach einem heftigen Streit oder der richtige Job zur richtigen Zeit. Daneben vermerken Sie ebenso viele Enttäuschungen und Misserfolge, an denen Sie offen oder insgeheim noch immer knabbern – beruflich oder familiär. Anschließend schneiden Sie jede Notiz aus und geben diese gefaltet in ein Gefäß. Bitten Sie einen oder mehrere vertraute Menschen diese Prozedur zu wiederholen und ihre Notizen in dasselbe Gefäß zu legen.

Nehmen Sie nun jeden Tag oder einmal in der Woche einen Zettel heraus und sprechen Sie wenigstens sieben Minuten in vertrauter Runde darüber. Reden Sie über Gründe und Folgen, Glücksmomente und Tränen. Mit jedem Zettel breiten sich die Karten Ihrer aller Leben weiter aus und bilden einen kleinen Kosmos der Gemeinsamkeiten.

DIE ZEIT IST EIN FREUND

Mit 81 Jahren erreichte Hildegard ein für das 12. Jahrhundert geradezu biblisches Alter. Trotz ihrer daseinsfüllenden Aufgaben als Äbtissin und Wissensbewahrerin sowie ihrer gewiss an ihren eigenen Gesundheitsregeln ausgerichteten Lebensführung wird auch sie die Last der Jahre gespürt haben.

Spätestens in unseren Dreißigern beginnen wir mit zunehmend mehr Wehmut auf vergangene Tage und Jahre zurückzublicken. Nicht nur Sportler fühlen die Zeit rennen, denn wir trauern neben der Fitness auch Dingen wie Freiheit und Unbeschwertheit, Träumereien und unvollendeten Plänen nach. Und genau darin liegt der Kern jener bedauernden Nostalgie: Wir sehen oft nur zugeschlagene Türen und abgebrochene Brücken. Unerfüllte Träume sind jedoch nicht für uns verloren. Entweder können wir sie wieder aufgreifen – vielleicht in angepasster Form – oder sie waren und sind ein Teil von uns, der unserem Leben, Denken und Fühlen Gestalt gibt.

Ist ein Schritt in die falsche Richtung vergeudet, wenn wir vielleicht nicht an das eigentliche Ziel gelangen, aber plötzlich ein unerwartetes vorfinden? Wer kann sagen, welche winzige Entscheidung, welche zunächst verpasste Chance am Ende zum großen Glück führt? Das Leben weiß nicht mehr, als wir selbst. Es ist neugierig darauf, was wir tun und was nicht. Überraschen Sie es und sich selbst.

GRÜNE OASE

Wie an anderer Stelle bereits erwähnt, misst Hildegard unter allen Kräften des Kosmos und der Elemente vor allem der schöpferisch-gedeihlichen Grünkraft die größte Bedeutung bei. Doch nicht immer ist der Aufenthalt in der freien Natur möglich, um Körper und Seele mit frischer Energie aufzuladen.

Was liegt da näher, als sich die Natur nach Hause (oder vielleicht auch an den Arbeitsplatz) zu holen. Beleben Sie jedes Zimmer Ihres Heims mit Zierpflanzen. Ihre Augen und Ihr Gemüt werden sich nicht sattsehen können an der neuen Lebendigkeit und inspirierenden Ästhetik. Zudem verbessern Zimmerpflanzen das Raumklima ebenso wie sie Giftstoffe aus der Luft filtern.

Lassen Sie sich am besten in einem Floristikgeschäft beraten, denn für nahezu jeden noch so abgelegenen Winkel findet sich die passende Pflanze. Verwenden Sie jeden Tag wenigstens sieben Minuten darauf, den Pflanzen ihren Bedürfnissen entsprechend Gutes zu tun: Halten Sie die Böden feucht, zupfen Sie vertrocknete Blätter ab oder genießen Sie einfach ganz bewusst Ihre persönliche grüne Oase.

KINDER DER NATUR

Jeder Mensch im Einzelnen und die Menschheit im Ganzen gestalten das Antlitz der Erde – im Guten wie im Schlechten – nachhaltiger als jede Spezies zuvor in der Geschichte unseres Planeten. Beginnend mit der eigenen Bewusstseinswerdung bis hin zum rasenden technischen Fortschritt scheinen wir uns zunehmend von der uns umgebenen Umwelt zu lösen. Wir scheiden uns bewusst von den Tieren und drängen die Natur zunehmend zurück. Vor allem in westlichen Industrienationen spielen Kinder mittlerweile mehr auf dem Smartphone als auf der Wiese. Was nach einem abgedroschenen Klischee klingt, ist bezeichnend für uns alle.

Der Prozess der Entfremdung von Mutter Erde ist in vollem Gange, doch jeder hat die Möglichkeit, zumindest für sich wieder einen Schritt zurück in ihren Schoß zu machen. Erheben wir uns nicht über die Tier- und Pflanzenwelt, denn es ist einsam an der Spitze der Nahrungskette. Ganz gleich, ob Sie weniger oder gar kein Fleisch (mehr) essen, über Ameisenstraßen hinübersteigen oder Hildegards vergessene Heilpflanzen wiederentdecken: Wir sind und bleiben Kinder der Natur.

VON JEDEM
GEDANKEN,
DER GEDACHT
WERDEN KANN,
IST AUCH DAS
GEGENTEIL
WAHR.

PAPIERNE FLÜGEL

Das Buch ist tot, es lebe das Buch! Lesen ist heutzutage entweder ein überkommenes Kulturgut oder ein heiliger Akt – zwischen diesen beiden Meinungspolen gibt es wenig Raum, aber ein großes Spannungsfeld, das sich überwiegend zwischen den Generationen aufspannt. E-Books empfinden viele jüngere Menschen als praktikabler und kurze Infoclips im Netz lösen den journalistischen Leitartikel ab. Es ist ein modernes Dilemma, dass wir Zugang zu einer schier unglaublichen Menge an Informationen haben, in dieser Flut aber den Überblick zu verlieren drohen.

Gemäß benediktinischen Regeln galt Lesen für Hildegard als schöne Pflicht, als geradezu kontemplativer Akt. An dieser Stelle geht es nicht darum, das gedruckte Buch über das elektronische zu stellen, sondern um die Versenkung in den Prozess des Lesens – unabhängig vom Medium. Versuchen Sie sich jeden Tag mindestens sieben Minuten freizuhalten, um in aller Ruhe ein größeres Leseprojekt zu verfolgen, Seite für Seite. Ganz egal ob Roman, Sachbuch oder digitale Zeitung. Vermeiden Sie es, sich während des Lesens mit anderen Medien abzulenken. Schaffen Sie sich ein stilles Refugium, einen realen und einen gedanklichen Ort, an den Sie immer wieder zurückkehren können: eine Heimat zwischen den Buchdeckeln für Ihren Verstand und Ihre Seele.

7

DEM LEBEN WÜRZE GEBEN

Hildegards Kräutergarten beherbergt einige Pflanzen, die neben kurierenden vor allem würzende Eigenschaften aufweisen. Entdecken Sie Zauber und Segen jener besonderen Gewürzpflanzen, die Gaumen, Sinne und Bewusstsein anregen.

So belebt Ingwer die Verdauung und ebenso wie Zimt den Stoffwechsel, während Galgant gegen Fieber hilft und genau wie Bertram von Verschleimung befreit. Muskatnuss wirkt in geringer Dosis anregend und Gewürznelken befreien den Kopf von Unwohlsein und Schmerzen.

Es liegt übrigens eine gewisse Ironie in der Tatsache, dass zu Hildegards Zeiten weit mehr exotische Gewürze bekannt waren und gebraucht wurden, als heutzutage mit all den hoffnungslos überfüllten Supermarktregalen und weltweit agierenden Internetshops. Experimentieren Sie, machen Sie aus Ihrer Küche eine Kräuterküche. Überraschen Sie Ihre Lieben und auch sich selbst mit Geschmackserlebnissen jenseits von Salz und Pfeffer.

VERTRAUEN IN DIE KRAFT
DES EIGENEN KÖRPERS

Im Kindesalter ist es keine Seltenheit, als Erwachse hingegen sucht es uns seltener, aber dafür oft schwerer erträglich heim – das Fieber. So sehr wir uns auch darüber im Klaren sind, dass es ein spürbares Zeichen des Widerstands unseres Körpers gegen Krankheitserreger ist, so schnell greifen wir dennoch zu temperatursenkenden Mitteln. Meist zu früh und ohne ärztlichen Rat. Wir wollen fit werden, am besten zügig und schmerzlos.

Damit nehmen wir allerdings den eigenen Selbstheilungskräften die Schlagkraft und die Zeit, die sie brauchen, um uns wieder ins Lot zu bringen. Bei leichteren Beschwerden helfen bereits sanfte Mittel, die dem Körper genügend Entfaltung zugestehen. Die Einnahme eines Frischpflanzenbreis aus Eibisch, Salbei und Essig wirkt Fieber entgegen, während ein Säckchen mit Eibisch und Olivenöl auf der Stirn Kopfschmerzen bannt. Haben Sie Vertrauen in sich und die Fähigkeiten Ihres Körpers – in Zeiten von Krankheit ebenso wie in Zeiten von Gesundheit.

DAS GEPÄCK DES GEHIRNS

Unser Gedächtnis ist ein faszinierender Ort, ein Irrgarten aus lichten Zimmern, verwinkelten Gängen und dunklen Rumpelkammern. Wollen wir aus den darin verborgenen Wandschränken wieder etwas zum Vorschein holen, läuft die Suche nicht selten ins Leere. Zu viel, zu schnell, zu laut – die Welt um uns herum bombardiert uns mit Eindrücken, Terminen und Informationen. Kein Wunder, dass wir unter all dem manchmal nichts wiederfinden.

Um dem Gedächtnis auf die Sprünge zu helfen, rät Hildegard zu frischer, in Olivenöl eingelegter Brennnessel, die vor der Bettruhe in Brustbein und Schläfen einmassiert wird. Auch ein paar einfache Übungen sind hilfreich, die Sie kaum sieben Minuten am Tag kosten. Suchen Sie sich eine ruhige Ecke, schließen Sie die Augen und entspannen Sie sich. Versuchen Sie sich nun an alltägliche Dinge zu erinnern: Was haben Sie die letzten Tage zu Mittag gegessen? Welchen Film haben Sie zuletzt im Kino gesehen?

Grämen Sie sich nicht, wenn Ihnen nicht alles sofort einfällt, das wird sich bessern. Vor allem wenn Sie die restliche Zeit darauf verwenden, sich allein auf Ihren Atem zu konzentrieren. Die flutenden Gedanken werden allmählich versiegen und die überfüllten Rumpelkammern sich leeren.

GESUND SCHLAFEN

Schlafen ist die beste Medizin – diese altehrwürdige Weisheit besaß schon zu Hildegards Zeiten dieselbe Gültigkeit wie heutzutage. Das im 12. Jahrhundert als Allheilmittel gepriesene Betonikakraut empfiehlt Hildegard ausdrücklich gegen Schlaflosigkeit und Albträume. Getrocknet und geschnitten in ein kleines Säckchen aus Leinen oder Baumwolle eingenäht, wirkt es beruhigend und erholungsfördernd, wenn es nachts auf die Brust gelegt wird.

Davon unabhängig lässt sich nächtliche Unruhe auch auf anderen Wegen begegnen, die vor allem den Ursachen an den Kragen gehen. Dazu genügen bereits sieben Minuten vor dem Schlafengehen. Zunächst schreiben Sie sämtliche Sorgen und für den morgigen Tag anstehende Erledigungen auf einen Zettel. Anschließend sorgen Sie dafür, dass das Schlafzimmer gut abgedunkelt, das Fenster leicht geöffnet, die Heizung heruntergedreht und das Bettzeug aufgeschlagen ist. Vermeiden Sie unnötige Geräuschquellen wie laut tickende Uhren.

Auf dem Rücken liegend atmen Sie nun mehrmals tief ein und aus. Spüren Sie, wie im selben Rhythmus Ihre Füße, Beine und Arme, Ihr Rumpf und Kopf in die Matratze sinken. Zum Abschluss atmen Sie die Verspannungen aus Ihrem Kiefer, damit Sie sich nicht im Vergangenen „verbeißen" und das Kommende herbeiträumen können.

AM RANDE

„Die Seele liebt in allen Dingen das diskrete Maß." Auch in diesem Zitat Hildegards begegnet uns ihr allgegenwärtiges Credo von der Sorgfalt, die wir bei Mitteln und Verhältnissen walten lassen sollten. Doch in diesem Fall ergänzt sie das rechte Maß um den Begriff der Diskretion, der hier Zurückhaltung und Rücksicht gleichermaßen beinhaltet.

Gerade beim großen Thema Achtsamkeit kann es leicht zu dem Missverständnis kommen, alles Denken, Fühlen und Handeln richte sich vor allem nach innen und nur auf uns selbst aus. Dabei geht es vornehmlich um Harmonisierung mit der uns umgebenden und durchströmenden Welt, die ebenso Einfluss auf uns hat, wie wir auf sie.

Und genau hier setzen Zurückhaltung und Rücksicht an. Treten Sie einen Schritt in den Hintergrund, beobachten Sie und versuchen Sie die Dinge um Sie herum bewusst wahrzunehmen: den Wind in den Wipfeln, fernes Hundegebell, Kinderlachen oder den vielleicht traurigen Blick eines Obdachlosen. Besonders in einer Zeit der omnipräsenten Selbstdarstellung über die sozialen Medien ist es geboten, sich auch einmal zurücknehmen und nicht stets in den Mittelpunkt zu streben, der außerhalb von uns selbst liegt.

Kunst und Fertigkeit

Hildegard widmete ihr gesamtes Leben den Künsten der Heilung, des Sammelns und des Glaubens. Viele würden behaupten, sie hätte all dies gemeistert, aber sie selbst würde vermutlich widersprechen. Das ewige Wesen des Könnens ist das Lernen.

Wie oft hören wir von anderen oder von uns selbst Worte der Anerkennung für Menschen, die wunderbar zeichnen können oder singen, die besonders sportlich sind, mehrere Sprachen sprechen oder ein gewaltiges Wissen angesammelt haben. Doch immer schwingt auch mindestens ein Wort des Bedauerns mit, dass wir dergleichen nicht vermögen.

Talent ist gewiss ein Faktor, aber Übung und vor allem die ersten Versuche sind nicht weniger bedeutsam. Suchen Sie sich eine von Ihnen sehr geschätzte Kunstform oder Fertigkeit aus, mit der Sie sich über einen längeren Zeitraum jeden Tag wenigstens sieben Minuten befassen – sei es Malen oder Zeichnen, Musizieren, Kochen, Häkeln, Stricken oder Hanteln stemmen. Sie werden schnell bemerken, welche Fortschritte Sie in kurzer Zeit machen. Und was sich im Kleinen meistern lässt, kann auch im Großen gelingen.

DIE **SEELE** DES MENSCHEN
TRÄGT IN SICH EINEN **WOHLKLANG**,
EINEN **ZUSAMMENKLANG**,
UND SIE IST SELBER
TÖNEND UND **KLINGEND**.

AUGEN AUF
UND DURCH!

Pfefferkraut gilt mittlerweile vor allem als verdauungsförderndes Gewürz bei schweren Gemüsegerichten. Hildegard kannte zudem seine klärende und heilende Wirkung bei Erschöpfung und Augenleiden.

Ausgestattet mit leistungsfähigen Sinnen ist und bleibt der Mensch vor allem ein visuelles Wesen. Unsere Augen geben der Welt ein Gesicht und zeigen uns, wo wir uns darin befinden. Kein anderer Sinn ist elementarer, kein anderer Sinn reicht bis zu den Sternen, kein anderer Sinn ist mehr Reizen ausgesetzt.

Wir sind oft nicht gut zu unseren Augen, sei es weil wir zu viel vor dem Bildschirm sitzen oder allzu schummriges Licht bevorzugen. Gönnen Sie Ihren Augen wenigsten sieben Minuten täglich eine Auszeit. Schließen Sie die Lider, massieren Sie die Schläfen, die Stirn und die Partie unter den Augen. Pressen Sie die Handinnenflächen auf die Augen und genießen Sie die regenerative Dunkelheit. Gehen Sie anschließend mit offenen, wachen Augen durch die Welt und entdecken Sie diese neu.

7

ZURÜCK ZU DEN WURZELN

Beim Blick auf heutige Obstauslagen kann man den Eindruck gewinnen, es existierten nur fünf verschiedene Apfel- und zwei Birnensorten. Dabei schenkte uns die Natur einst allein hunderte Apfelsorten, die jedoch mit zunehmender Kultivierung von den Streuobstwiesen verschwunden sind. Zum Teil sind manche Sorten für alle Zeiten verloren, andere lassen sich mit etwas Glück wiederentdecken, und wieder andere finden zumindest ihren Weg in die Regale von Bio- und Bauernmärkten.

Natürlich sind nicht alle gleichermaßen schmackhaft, aber der Grund für das Schattendasein vieler Sorten ist weniger der Geschmack, als vielmehr Ertrag und Kalkül. Doch während die Auswahl an Äpfeln und Birnen lediglich ärmer geworden ist, verschwand eine noch in Hildegards Lebenswelt bekannte und gleichsam gebräuchliche Frucht allmählich fast vollkommen von den Wiesen und Auslagen: die Quitte.

Sie eignet sich mit ihren wertvollen Inhaltsstoffen wie Vitamin C, Kalium, Natrium, Zink und Eisen nicht nur für die Zubereitung von Marmelade, Kompott, Saft u. v. m. Quittenkerne enthalten große Mengen an Schleimstoffen, die gegen Halsweh und Husten helfen. Dafür einige Quittenkerne in etwas Wasser einweichen und aufkochen, damit sich Quittenschleim bildet. Getrunken lindert dieser den Hustenreiz. In Form von Umschlägen bei Verbrennungen oder Hautentzündungen wirkt er entzündungshemmend und beschleunigt die Wundheilung.

DIE HAUT ALS KARTE DES LEBENS

Nicht nur in der Pubertät schlagen wir uns mit Hautunreinheiten herum. Denn die Haut ist der Spiegel der Seele. Stress, Unwohlsein und Sorgen spiegeln sich ebenso auf ihr wider wie zu trockenes Raumklima und übermäßiges Waschen. Irritationen, Ausschläge und Akne können die Folgen sein.

Abhilfe schafft vorzugsweise eine Salbe aus der Lilienwurzel. Um die Kleidung, die Sie auf der Haut tragen, für diese möglichst neutral zu halten, eignen sich die saponinhaltigen Waschnüsse (in Bio-Qualität!), die anstelle von herkömmlichem Waschmittel in einem Säckchen der Wäsche beigegeben werden. Alternativ bieten sich biologische Pulver- und Flüssig-Waschmittel an.

Für eine sanfte und anregende Reinigung der Haut eigenen sich vor allem natürliche Wascherden. Es ist Ihren persönlichen Vorlieben überlassen, ob Sie grüne, braune oder weiße Mineralerde wählen. Angereichert mit etwas Apfelessig und Jojoba-Öl wirken bereits siebenminütige Masken wahre Wunder.

DEN EIGENEN **TON TREFFEN**

In vielen Berufen, aber auch im Alltag strapazieren wir unsere Stimme und gönnen ihr meist weniger Ruhe als unseren Füßen, obwohl auch sie uns durch den Tag trägt. Hildegard schreibt der Königskerze als Gewürz und dem Süßholz (Lakritz) große Wirksamkeit gegen Heiserkeit zu. Damit Ihre Stimme jedoch gar nicht erst etwas von ihrer Kraft einbüßt, gibt es Mittel und Wege sie zu stärken.

Täglich oder wenigstens regelmäßig sieben Minuten Pflege genügen für eine gesunde Stimme. Knien, sitzen oder stehen Sie aufrecht ohne zu verkrampfen. Gehen Sie nun nacheinander die Vokale (A, E, I, O, U) durch. Dazu atmen Sie tief durch die Nase ein und entlassen den ersten Ton langsam und kontrolliert in mittlerer Stimmlage. Kauen Sie nun auf dem Laut wie auf einem Kaugummi herum, bis Sie wieder Luft holen müssen. Widerholen jeden Vokal dreimal. Schon bald werden Sie spüren, wie sich Ihr Stimmapparat entspannt.

Die eigene Stimme ist Ausdruck von Körper und Seele. Seien Sie gut zu ihr und damit auch zu sich.

LEBENSGEISTER WECKEN

Müdigkeit und Erschöpfung kann man heutzutage getrost als Volksleiden bezeichnen. Wenngleich auch nicht so verbreitet wie in unseren reizüberfluteten und schnelllebigen Zeiten, waren bereits Hildegard diese Symptome vertraut. Als Gegenmittel empfiehlt sie Gundelrebe (in Butter angedünstet, mit Mehl bestäubt und mit heißem Wasser oder Brühe aufgegossen), Melisse (äußerlich als Pflanzenbrei angewendet) und Wermut (Frischsaft mit Honig und Weißwein getrunken).

Dennoch können selbst diese Heilkräuter lediglich den Symptomen Einhalt gebieten. Um der Kraftlosigkeit nachhaltig zu begegnen, braucht es manchmal nur eine Woche lang genügend Schlaf (je mehr davon vor Mitternacht, desto besser), oftmals jedoch einen tiefer reichenden Ansatz. Nicht immer sind alle Termine zwingend, nicht alle Verpflichtungen unvermeidlich. Nutzen Sie ein bewährtes Organisationsmittel aus der Schule und erstellen Sie sich einen Stundenplan mit allen wöchentlichen Programmpunkten. Anschließend gehen Sie mit dem Rotstift darüber und streichen Überflüssiges. Sie werden überrascht sein, welch unnötigen Ballast Sie tragen.

Verlassen Sie außerdem den ewig gleichen Trott: Gehen Sie vielleicht eine halbe Stunde früher ins Bett und stehen Sie dafür eine halbe Stunde früher auf. Nutzen Sie die freigewordene Zeit für Frühsport oder ein ausgedehntes Frühstück. Tauschen Sie den Fernsehabend gegen einen Kinobesuch oder die Mittagspause in der Cafeteria gegen ein Picknick im Park.

PAUSE FÜR DEN MAGEN

Nach dem Schlaf nehmen Essen und Trinken den größten Teil unseres Lebens ein, wenn man Planung, Einkauf, Zubereitung, Verzehr und Nachbereitung mit einbezieht. Und das ist in gewisser Weise auch gut so, denn nichts in der Welt kommt uns näher als die Nahrung, die wir zu uns nehmen.

Dennoch führen Zeitmangel und eine auf Effizienz ausgelegte Esskultur oft zu recht hastigem und gedankenlosen Umgang mit unseren lebensnotwendigen Mahlzeiten. Nichts spricht dagegen, ab und zu auch mal zwischen Tür und Angel oder an der Imbissbude den ärgsten Hunger zu stillen – Zeit ist leider ein begrenztes Gut. Dann unterstützen laut Hildegard Knoblauch, Kümmel und Süßholz die Verdauung und wirken Magen-Darm-Leiden entgegen.

Damit es erst gar nicht so weit kommt, sollten Sie wenigstens einmal am Tag eine Mahlzeit zelebrieren – ganz gleich ob Frühstück, Mittagessen oder Abendbrot. Teilen Sie Essen und Trinken in mehrere „Gänge" auf, für die Sie sich jeweils mindestens sieben Minuten Zeit nehmen, bevor Sie fortfahren. Kauen Sie genüsslich, spüren Sie dem Geschmack nach und räumen Sie Ihrer Ernährung den Platz und die Zeit in Ihrem Leben ein, die sie verdient.

HEUTE DARF ICH TRAURIG SEIN

So wundervoll ein Lächeln auch ist – sei es jenes, das wir schenken oder jenes, das wir erhalten –, wahrhaft ist es nur, wenn es aus ganzem Herzen auf unsere Lippen tritt. Doch nicht immer steht uns der Sinn nach Lächeln, wenn uns das Herz schwer ist. Da wir nicht unfreundlich wirken wollen, nicht distanziert oder abwesend, lächeln wir oft trotzdem. Nur unsere Augen sagen nicht dasselbe.

Als Helfer gegen Melancholie und Trübsinn nennt Hildegard den Fenchel (mit Frischsaft die Bauchgegend einreiben), die Lilie (den Blütenduft einatmen), die Melisse (als Pflanzenbrei oder Tinktur angewendet) und das Pfefferkraut (als Gewürz fein dosiert genossen), sich wohl bewusst darüber, dass eher die Seele als der Körper leidet.

Vereinfacht gesagt: Seien Sie nicht traurig, weil Sie traurig sind. Betrachten Sie Trauer als Zeit der gewinnenden Klarheit, jede Träne als Reinigung Ihres Körpers und Ihrer Seele. Wagen Sie Ihre Traurigkeit zu zeigen, anstatt ein falsches Lächeln aufzusetzen. Seien Sie ehrlich zu sich selbst und der Welt, dann lächelt die Welt bald wieder zurück.

Autor: Rafael Collowino; Zitate: Hildegard von Bingen

Bildnachweis:

Fotos: Fotolia.com: © laufer (S. 4), © Patrizia Tilly (S. 6), © contrastwerkstatt (S. 7), © bellakadife (S. 8), © Wolfilser (S. 12), © Countrypixel (S. 16), © Erin Cadigan (S. 18), © goldbany (S. 22), © OHE (S. 26), © babsi_w (S. 28), © monticellllo (S. 32), © ipopba (S. 36), © PhotoImage (S. 38), © plprod (S. 42), © harley_ (S. 46), © Thorsten Fritz (S. 48), © Igor Link (S. 52), © xixinxing (S. 56), © Johanna Mühlbauer (S. 58), © ilfotokunst (S. 62), © blende11.photo (S. 66), © Johanna Mühlbauer (S. 68), © fottoo (S. 72), © juliasudnitskaya (S. 76), © emmi (S. 78), © vgstudio (S. 82), © jcomp (S. 86), © Ingo Bartussek (S. 88), © joachimplehn (S. 92)

Illustrationen: Fotolia.com: © somber (buntes Ziermuster), © aga7ta (Aquarell-Illustration), © KatyaKatya, © alexaz, © qilli (alle Schmuckillustrationen)